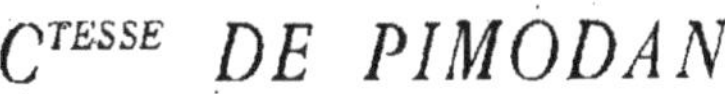

Ctesse DE PIMODAN

Contes et Légendes du Vieux Japon

D'après la traduction anglaise

DE

M. A.-B. MITFORD

LIBRAIRIE PLON

CONTES ET LÉGENDES

DU

VIEUX JAPON

Ce volume a été déposé au ministère de l'intérieur (section de la librairie) en juin 1904.

PARIS. TYP. PLON-NOURRIT ET Cie, 8, RUE GARANCIÈRE. — 5470.

COMTESSE DE PIMODAN

CONTES ET LÉGENDES
DU
VIEUX JAPON

D'APRES LA TRADUCTION ANGLAISE

DE

M. A.-B. MITFORD

PARIS
LIBRAIRIE PLON
PLON-NOURRIT ET Cie, IMPRIMEURS-ÉDITEURS
8, RUE GARANCIÈRE — 6^e^

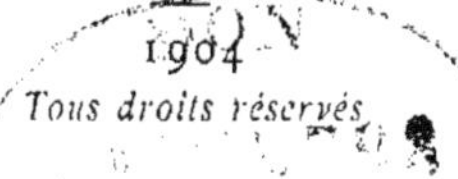
1904

Les contes et légendes que nous publions aujourd'hui ont d'abord été traduits en anglais par M. A.-B. Mitford, secrétaire de la Légation britannique au Japon. Ils font partie d'un volume intitulé : Tales of old Japan (1), *dont il recueillit les éléments pendant les années qui suivirent l'ouverture du pays aux étrangers.*

Depuis lors, on a beaucoup écrit sur le Japon. De nombreux ouvrages ont parlé de son histoire, de sa littérature, de ses traditions. De nombreuses versions, plus ou moins arrangées, plus ou moins européa-

(1) Librairie Macmillan. Londres et New-York.

nisées, ont fait connaître ses récits populaires. Mais le livre de M. Mitford garde pour tous ceux qui habitèrent comme nous l'Extrême-Orient, un grand charme évocateur et prime-sautier. Il nous a servi de guide et, sans nous astreindre au mot à mot d'une traduction littérale, nous en avons toujours observé l'esprit et suivi l'allure générale.

Il nous reste à remercier M. Mitford d'avoir bien voulu nous permettre de faire une modeste glane dans le champ japonais qu'il avait moissonné.

M. A. P.

CONTES ET LEGENDES

DU

VIEUX JAPON

LE MOINEAU A LA LANGUE COUPÉE

Il était une fois deux vieux époux. Le mari, qui avait l'âme bonne et le cœur affectueux, élevait, avec tendresse, un moineau. Certain jour, pendant qu'il travaillait sur la montagne, sa femme, restée au logis, se mit à faire la lessive, et prépara une jatte d'empois. Le moineau, qui voletait par la chambre, sauta sur le bord du vase et commença d'y picorer. Aussitôt la vieille, dont le cœur était dur et l'humeur acariâtre, saisit le gourmand, lui coupa la langue et le chassa.

En rentrant, le vieillard appela son moineau et ne le voyant pas venir, s'inquiéta.

— Votre oiseau, dit alors la méchante vieille, avait becqueté mon empois ; pour le punir, je lui ai coupé la langue et je l'ai chassé.

Le bon vieillard fut très triste, comme vous pouvez le croire.

— Hélas ! hélas ! gémissait-il, qu'est devenu mon cher moineau ? Pauvre petit moineau à la langue coupée, où es-tu, où es-tu ?

Il parcourut toute la contrée, cherchant son ami perdu par les bois et les campagnes, et criant :

— Moineau, moineau, où es-tu ?

Enfin, au pied d'une colline, il rencontra son moineau. D'abord l'homme et l'oiseau se firent mille compliments sur leur bonne santé réciproque, puis le moineau conduisit le vieillard dans sa demeure, lui présenta toute sa famille, et l'accueillit de son mieux.

— Je vous en prie, dit-il, veuillez partager quelque temps notre modeste vie. La table est pauvre, mais vous serez traité cordialement.

— Je suis confus de votre amabilité, répliqua le vieillard, en acceptant l'invitation.

Il passa plusieurs jours chez le moineau, qui le combla de politesses et se mit pour lui en grands frais. Lorsqu'il voulut enfin partir, l'oiseau lui offrit deux corbeilles en osier, comme présent d'adieu (1). La pre-

(1) L'usage d'offrir des cadeaux, dans des occasions nombreuses et très diverses, est familier aux Japonais.

mière était lourde, la seconde légère. Le vieillard, craignant une charge trop pesante, dit qu'il était affaibli par les ans, et ne prit que la seconde corbeille. Il la mit sur l'épaule et s'en alla, laissant ses hôtes pleins de regrets.

D'abord qu'elle l'aperçut, sa femme commença de le quereller

— A la bonne heure, lui cria-t-elle, du plus loin, à la bonne heure ! Où donc, je vous prie, êtes-vous demeuré si longtemps ? A votre âge, c'est joli de courir la prétentaine.

— J'ai été voir mon moineau, répondit le vieillard ; et, lors de mon départ, il m'a donné cette corbeille.

La femme regarda, curieuse, puis ouvrit la corbeille et la trouva — ô miracle ! — pleine d'argent, d'or et de joyaux. Comme la mégère était avare et cupide, son ton changea subitement.

— Moi aussi, s'écria-t-elle, moi aussi, j'irai faire une visite à notre moineau pour recevoir un beau présent. Dites-moi seulement où il demeure.

Le vieillard lui indiqua la route, et elle trouva facilement le moineau.

— Quelle heureuse rencontre, quelle heureuse rencontre! s'exclama-t-elle, dès qu'elle le vit; bonjour monsieur le Moineau; combien je suis contente de vous retrouver! Et elle continua sur ce ton, en faisant mille compliments.

A tant de politesses, l'oiseau dut répondre par une invitation, mais il ne se mit pas en frais, et allait laisser partir la vieille sans cadeau. Comme cela ne faisait pas l'affaire de la méchante femme, elle lui réclama sans vergogne un présent d'adieu. De même que pour le vieillard, l'oiseau apporta deux corbeilles, puis la pria d'en choisir une. Elle les soupesa et prit la plus lourde, persuadée qu'elle rapporterait à la maison encore plus de richesses que son mari. C'était bien à tort, car dès qu'elle ouvrit sa corbeille, il en sortit une nuée de méchants diablotins, qui la tourmentèrent tant et tant qu'elle en mourut.

Devenu veuf, le vieillard adopta un fils, fonda une famille prospère, et finit ses jours dans un bonheur complet.

LA BOUILLOIRE MERVEILLEUSE

Au temple de Morinji, dans la province de Jôshiu, il y avait jadis une vieille bouilloire. Un jour, comme le bonze allait la placer sur l'âtre pour faire du thé, il en vit sortir la tête et la queue d'un blaireau.

Étrange bouilloire en vérité !

Le prêtre, stupéfait, appela les novices ; et tous de regarder, yeux écarquillés, bouches béantes. Tandis qu'ils faisaient mille conjectures, la bouilloire bondit et commença de voltiger dans la chambre. Ils se mirent à sa poursuite, mais au moment qu'ils croyaient l'atteindre, elle s'échappait d'un soubresaut. Jamais chat ou voleur ne fut plus fugace que la bouilloire vagabonde à tête et à queue de blaireau. Pourtant, le bonze et les novices finirent par l'attraper, et réussirent à la mettre dans un coffre qu'ils fermèrent soigneusement. Ils comptaient porter ce coffre au loin, dès la première occasion, et le jeter dans quelque précipice pour se débarrasser de l'esprit malin qui hantait certainement la bouilloire. Mais, entre-temps, le chaudronnier du temple vint à passer, demandant si l'on n'avait rien à lui acheter ou à lui vendre. Le bonze se prit alors à penser qu'il serait dommage de perdre la bouilloire et qu'il vaudrait bien mieux la vendre, si peu que ce fût. Il alla donc chercher le mystérieux récipient revenu à sa forme naturelle, et le montra au chaudronnier. L'homme en offrit vingt sens (1). L'objet

(1) Le sen, centième partie du yen, vaut environ deux centimes et demi.

valait plus, assurément ; néanmoins, le prêtre, tout heureux d'en être débarrassé, le donna sans discussion.

La nuit suivante, pendant que le chaudronnier dormait, il entendit un bruit étrange près de son oreiller. La bouilloire, qu'il avait laissée dans un coin de sa chambre, marchait à quatre pattes et semblait couverte de fourrures. Il se leva, mais la bouilloire reprit aussitôt son apparence première, et semblable phénomène se reproduisit maintes fois. D'abord trop effrayé pour oser parler de ce mystère, le chaudronnier s'y accoutuma peu à peu, et finit par conter à quelques amis les métamorphoses de sa bouilloire.

— Oh, oh ! dit l'un d'eux, quelle admirable chose ! C'est une fortune, en vérité. Vous devriez montrer votre bouilloire dans les fêtes foraines, et la faire danser sur la corde au son des chants et des instruments de musique.

Le chaudronnier fit affaire avec un banquiste, et les exhibitions de la bouilloire merveilleuse commencèrent aussitôt. Le succès fut prodigieux; tous voulaient voir l'étonnant spectacle, et les daïmios (1) du pays, eux-mêmes, mandèrent le chaudronnier dans leur palais. La danse de la bouilloire devint le grand amusement des princesses et des dames de qualité. A peine le chaudronnier avait-il fini une représentation, qu'il lui fallait répondre, en hâte, à d'autres engagements. Quand il eut amassé beaucoup d'argent, il résolut de se reposer, et rapporta la bouilloire au temple de Morinji. Les bonzes la reçurent comme une relique, et elle devint l'objet d'une profonde vénération.

(1) Daïmio : seigneur féodal.

LA MONTAGNE QUI PÉTILLE

Il y avait jadis un vieux bûcheron et sa femme, qui élevaient un lièvre blanc et le soignaient de leur mieux. Un jour, quelque blaireau du voisinage vint à passer et mangea la pitance du lièvre. Le bûcheron, en colère, prit le blaireau, l'attacha contre un arbre, et s'en alla couper du bois dans la forêt, tandis que sa femme commençait à moudre du blé pour la soupe du soir. Quand l'homme fut parti, le blaireau, tout en larmes, se mit à gémir :

— Madame, bonne Madame, par grâce, détachez-moi.

La femme coupa les liens ; mais, aussitôt délivré, le perfide animal s'écria :

— Je me vengerai; puis, en un clin d'œil, disparut.

Le lièvre, inquiet, alla chercher son maître. Quand il fut parti, le blaireau revint, tua la pauvre vieille et la mit dans la marmite. Cela fait, il prit la figure, les vêtements, la voix de sa victime, et attendit le bûcheron. Dès que l'homme rentra, ayant grand'faim, car il avait beaucoup travaillé, le blaireau métamorphosé en femme lui cria :

— Venez vite, j'ai préparé un excellent pot au feu avec la chair du blaireau. Prenez place et régalez-vous.

En même temps, il apportait la marmite. Le vieillard trouva le mets délicieux et s'en pourlécha. Mais à peine achevait-il la dernière bouchée, que le blaireau, reprenant sa forme première, lui dit en ricanant :

— Misérable vieux, c'est ta femme que tu viens de manger. Va voir ses os, dans la cuisine ; et il s'enfuit, laissant le bûcheron tout plein d'horreur et d'effroi.

Tandis que le pauvre homme se lamentait, le lièvre rentra au logis. Apprenant le crime du blaireau, il résolut de venger sa maîtresse, et repartit pour la montagne. Chemin faisant, il trouva le blaireau qui portait un fagot sur ses épaules. Aussitôt il enflamma une allumette et mit le feu aux ramilles. D'abord le blaireau ne s'aperçut de rien. Ensuite, comme le bois vert pétillait, il se mit à dire :

— Holà !... oh ! quel est ce bruit ?

— Nous sommes sur la montagne qui pétille, repartit le lièvre, et toujours l'on y entend semblable bruit.

Déjà, le feu plus ardent faisait : *Poup, poup, poup.*

— Que se passe-t-il donc? interrogea encore le blaireau inquiet.

— Nous arrivons à la montagne qui fait : *Poup*, *poup*, *poup*, répliqua le lièvre.

A cet instant, la flamme commençait à roussir le pelage du blaireau, qui, hurlant de douleur, s'enfuit et sauta dans un ruisseau voisin. L'eau éteignit le feu, mais le dos du blaireau resta couvert de plaies, et noir comme du charbon. Le lièvre feignit de le plaindre, et, sous prétexte de le soulager par un remède secret, appliqua sur ses brûlures un cataplasme bouillant de poivre rouge. Ce que le blaireau souffrit et pleura, vous pouvez le deviner. Quand il fut enfin guéri, il s'en alla chez le lièvre pour lui faire des reproches. Justement ce dernier achevait de construire un bateau en bois.

— Pourquoi donc faites-vous ce bateau?

ne put s'empêcher de dire le blaireau surpris.

— Je pars pour la capitale de la lune, repartit le lièvre (1). Ne vous plairait-il pas de vous embarquer avec moi ?

— Non vraiment, grand merci de la proposition ; j'ai suffisamment joui de votre société sur la montagne qui pétille, où vous m'avez joué tant de mauvais tours. D'ailleurs, je n'ai que faire de votre bateau, car je vais, moi-même, en construire un.

Sans plus tarder, le blaireau modela un esquif d'argile. Le lièvre riait dans sa moustache et ne disait rien.

Quand les deux embarcations furent prêtes, leurs propriétaires y prirent place

(1) On prétend, au Japon, que les montagnes de la lune ont la forme d'un lièvre, et l'on s'imagine, pour ce motif, qu'il existe quelques rapports entre l'astre et les lièvres.

et descendirent le fil de l'eau. Mais, tandis que le bateau de bois du lièvre flottait sans encombre, le bateau d'argile du blaireau se désagrégeait peu à peu. Bientôt le lièvre brandit sa rame comme une massue, puis frappa tant et si bien qu'il mit en pièces le bateau d'argile, et tua le méchant blaireau.

Quand le bûcheron sut que la mort de sa femme était vengée, son cœur s'en réjouit, et il fit au lièvre mille caresses. Peu à peu, sa tristesse devint moins amère ; et son âme apaisée put goûter le bonheur de voir renaître le printemps.

HISTOIRE DU VIEILLARD QUI FAISAIT REFLEURIR LES ARBRES MORTS

Il y a très longtemps vivaient un bon vieillard et sa femme, qui avaient un chien favori. Ils lui donnaient les meilleurs plats de leur cuisine, et n'épargnaient pour sa provende ni les friandises ni le poisson. Un jour, comme ils travaillaient dans leur jardin, le chien, qui jouait près d'eux, tomba en arrêt et commença d'aboyer : *Baou, wou, wou !* en remuant vivement la queue. Ses maîtres, pensant qu'il avait flairé quelque appât souterrain, prirent une bêche, creusèrent le sol et trouvèrent —

ô surprise ! — beaucoup d'or, d'argent et d'objets précieux. Ils recueillirent ce trésor, firent d'abord de grandes aumônes, puis achetèrent des bois, des prairies, des champs, des rizières, et passèrent bientôt pour les richards du pays. Tout proche de leur maison, habitait, avec sa femme, un homme avare et envieux, nommé Gentaro. Mis au courant de la découverte du trésor, il emprunta le chien, lui offrit une excellente soupe et lui dit :

— Monsieur le Chien, comme nous vous serions reconnaissants de nous faire trouver beaucoup d'argent.

La bête, qui n'avait reçu jusqu'alors du ménage Gentaro que bourrades et horions, refusa la pitance et voulut se sauver. Alors ces méchantes gens l'attachèrent et, bon gré mal gré, le conduisirent dans leur jardin. Il se laissa promener sans faire à ses hôtes l'honneur d'un seul *Baou, wou!* A la fin cependant, il s'arrêta et se mit à renifler. Gentaro prit une bêche et creusa le sol; mais, tandis qu'il croyait découvrir un trésor, il ne trouva que de la fange et d'infects détritus. Furieux, il tua le chien, et enfouit son corps au pied d'un sapin.

En apprenant la mort de son compagnon fidèle, le bon vieillard, désolé, vint jeter des fleurs, brûler de l'encens et déposer un plateau d'offrandes sur la terre où il reposait. La nuit suivante, le chien lui apparut, le remercia de ses égards funéraires et ajouta :

— Coupez l'arbre au pied duquel je suis enseveli, faites de son bois un mortier et servez-vous en comme d'une émanation de moi-même.

Le vieillard obéit, et, dès qu'il commença de moudre du riz dans le mortier, chaque grain se transmua en une pépite d'or fin. Aussitôt, les méchants voisins vinrent emprunter l'ustensile magique, mais leur riz se changea en ordures. De rage, ils brisèrent le mortier et en brûlèrent les morceaux. Le soir même, le chien apparut encore à son ancien maître et lui dit :

— Prenez les cendres du mortier et poudrez-en des arbres morts : ils refleuriront aussitôt.

A son réveil, le bon vieillard recueillit ces cendres précieuses et, grâce à leur vertu, fit refleurir un cerisier dont les branches étaient sèches depuis longtemps. Il mit alors les cendres dans une corbeille, et parcourut la contrée en publiant son pouvoir. Bientôt, sa renommée fut si grande que le daïmio de la province voulut le connaître et, charmé de ses prodiges, lui donna de la soie, du drap, et beaucoup d'autres présents. A cette nouvelle, Gentaro ramassa les cendres qui restaient, et alla chez un autre daïmio, en s'annonçant comme le vieillard qui portait, dans une corbeille, de la semence de printemps; mais, loin de faire naître des fleurs, les cendres qu'il répandit formèrent d'épais tourbillons qui remplirent les yeux et la gorge du seigneur. Les gardes se jetèrent sur l'imposteur, et le chassèrent après l'avoir roué de coups. Il rentra chez lui clopin-clopant, conta l'aventure à sa femme, et tous deux se mirent dans une colère aussi grande qu'inutile. Le bon vieillard leur fit de justes remontrances, puis en eut compassion et leur donna une grosse somme d'argent. Touchés par tant de mansuétude, Gentaro et sa femme se corrigèrent, et devinrent bons et vertueux.

LA BATAILLE DU SINGE ET DU CRABE

Il était une fois un crabe, qui vivait à la campagne, dans un marais. Certain jour qu'il avait ramassé un excellent gâteau de riz, le singe, son voisin, lui offrit, en échange, une orange amère. Le crabe accepta, et les deux animaux s'en furent chacun de leur côté. Vous pensez si le singe riait sous cape, et était content du troc qu'il avait fait.

Rentré chez lui, le crabe sema les pépins de l'orange dans son jardin. Un arbre en sortit, grandit très vite, et donna bientôt ses premiers fruits. Quand ils eurent mûri, le crabe essaya de se hisser jusqu'à eux pour les cueillir. Comme il n'y parvenait point, le singe lui offrit son aide. Le crabe, sans méfiance, agréa la proposition, et le singe grimpa sur l'arbre en deux bonds. Aussitôt, il commença de prendre les meilleurs fruits et de les mettre dans ses poches, tandis qu'il jetait au peu ingambe propriétaire quelques oranges vertes, en lui souhaitant bon appétit.

Le crabe, sans paraître voir la supercherie, remercia le singe, admira son adresse, applaudit ses gambades, loua sa dextérité, puis s'écria tout à coup sur un ton fort naïf :

— Je parie que vous ne pourriez pas descendre la tête en bas ?

— Rien de plus facile, répliqua le compère, qui, faisant une culbute, se mit à descendre ainsi. Mais toutes les oranges dégringolèrent de ses poches ; le crabe les ramassa et, vite, les emporta dans son trou. Le singe ne pouvant l'y atteindre, se plaça en embuscade, et dès que le crabe reparut, le battit tant et tant qu'il le mit en piteux état. A ce moment, un œuf, de nature serviable, et une abeille vinrent à passer. Ils soignèrent le crabe, et le ramenèrent chez lui, puis s'en furent chez le singe pour le punir de sa méchanceté. Comme le vilain animal était sorti, ils eurent tout le temps de combiner leur plan de campagne et de se partager les rôles.

Dès son retour, le singe voulut faire du thé ; mais à peine avait-il mis sa bouilloire sur le feu, que l'œuf, caché dans les cendres chaudes, lui éclata au nez et le brûla. En même temps, l'abeille, sortant d'une armoire, le harcelait de piqûres, et une algue, venue à la rescousse, s'entortillait autour de ses jambes. Incapable de résister à tant d'ennemis, il battit en retraite après s'être vaillamment défendu ; mais, au moment qu'il gagnait la porte, l'algue réussit à le faire choir, et le mortier à riz, tombant sur sa tête, l'écrasa.

Ce fut le triomphe du crabe, qui, jusqu'à la fin de ses jours, vécut dans une intimité fraternelle avec l'abeille, l'algue et le mortier.

Avez-vous jamais ouï une histoire plus cocasse, en vérité ?

LES AVENTURES DE PÊCHONNET

Au temps jadis vivaient un brave bûcheron et sa femme. Certain jour que le bûcheron était allé botteler des fagots sur la colline, sa femme se mit à laver du linge dans la rivière. Tout à coup, la bûcheronne aperçut une belle pêche qui flottait au fil de l'eau; elle la saisit et, le soir, l'offrit à son mari comme dessert. Mais, à ce moment, le fruit s'ouvrit de lui-même, et il en sortit un enfant nouveau-né, tout criant, tout pleurnichant.

Les bonnes gens adoptèrent le poupon et, comme il était né d'une pêche, le nommèrent Pêchonnet. En grandissant, l'enfant devint fort et courageux. Un jour, il dit à ses parents :

— Je vais partir pour l'Ile des Ogres, à la conquête de leurs trésors, et j'aurais besoin de provisions de voyage. Voudriez-vous me faire quelques bons gâteaux de millet aux pommes ?

La femme du bûcheron moulut le grain et prépara les gâteaux. Quand ils furent cuits à point, Pêchonnet les mit dans sa besace et partit.

Chemin faisant, il rencontra un singe.

— *Kia*, *kia*, *kia*, jacassa le singe, où allez-vous de ce pas, monsieur Pêchonnet ?

— Je vais à l'Ile des Ogres pour conquérir leurs trésors.

— Mais qu'avez-vous donc dans votre besace ?

— Les meilleurs gâteaux de millet aux pommes que l'on fit jamais au Japon.

— Donnez-m'en un, et je vous accompagnerai.

— Affaire conclue.

Le singe prit le gâteau et suivit Pêchonnet.

Un peu plus loin, les deux compagnons virent un faisan.

— *Ken, ken, ken,* gloussa le faisan, où allez-vous de ce pas, monsieur Pêchonnet?

— Je vais à l'Ile des Ogres pour conquérir leurs trésors.

— Mais, qu'avez-vous donc dans votre besace?

— Les meilleurs gâteaux de millet aux pommes que l'on fit jamais au Japon.

— Donnez-m'en un, et je vous accompagnerai.

— Affaire conclue.

Le faisan prit le gâteau et suivit Pêchonnet.

Toujours en allant, les trois compagnons rencontrèrent un chien.

— *Baou, wou, wou,* aboya le chien, où allez-vous de ce pas, monsieur Pêchonnet?

— Je vais à l'Ile des Ogres pour conquérir leurs trésors.

— Mais qu'avez-vous donc dans votre besace?

— Les meilleurs gâteaux de millet aux pommes que l'on fit jamais au Japon.

— Donnez-m'en un, et je vous accompagnerai.

— Affaire conclue.

Le chien prit le gâteau et suivit Pêchonnet, le singe et le faisan.

Lorsque tous les quatre parvinrent au but du voyage, le faisan, d'un coup d'aile, s'éleva au-dessus de la forteresse des ogres, le singe grimpa sur les remparts, Pêchonnet et le chien forcèrent la poterne. S'aidant ainsi les uns les autres, ils combattirent tant et si bien qu'ils firent le roi des ogres prisonnier.

Les ogres qui restaient demandèrent quartier, et abandonnèrent tous leurs trésors à Pêchonnet. Il y trouva des manteaux et des bonnets de fourrure, dont la vertu magique rend invulnérable, des bagues talismaniques qui donnent le pouvoir de gouverner le flux et le reflux des océans, des coraux, du musc, des émeraudes, de l'ambre, de l'écaille, enfin beaucoup d'or et d'argent.

Pêchonnet, revenu chez lui avec toutes ces richesses, les offrit à ses parents adoptifs, qui vécurent très vieux dans le bonheur et l'opulence.

LE MARIAGE DU RENARD

Il y avait une fois un renard blanc, nommé Foukouyémon. Quand il fut en âge de se marier, il rasa son toupet (1), et s'occupa de trouver une charmante épouse. Son vieux père lui confia l'administration de sa fortune (2), et il se mit à la besogne pour grossir le patrimoine familial.

Dans le même temps vivait une jeune

(1) Jadis, la coiffure des Japonais subissait diverses transformations depuis la première enfance jusqu'à l'âge viril. La *coupe du toupet*, avancée ou retardée suivant l'instruction de l'adolescent et la précocité de son esprit, avait lieu vers la quinzième année. Elle était l'occasion d'une importante cérémonie, après laquelle le jeune garçon était considéré comme un homme.

(2) L'usage d'abdiquer pour les souverains, celui de remettre le soin des affaires familiales à leurs enfants pour les particuliers, étaient très fréquents au Japon.

renarde d'ancien lignage, si gracieuse, si joliment fourrée que toute la contrée réputait ses charmes. C'était la perle du pays. Foukouyémon résolut de la demander en mariage, et des amis communs préparèrent une entrevue. L'union paraissant sortable de tous points, les premières paroles furent échangées. Aussitôt, Foukouyémon envoya les cadeaux de fiançailles, que ses messagers offrirent avec tous les compliments d'usage. Les parents de la renarde en accusèrent réception dans les formes prescrites, et les messagers reçurent, comme de juste, les présents coutumiers.

Quand les cérémonies préliminaires furent terminées, on choisit un jour propice pour conduire la fiancée au logis de son époux. Elle y vint en grande pompe, par une après-midi de pluie ensoleillée, au moment que l'arc-en-ciel paraissait à l'horizon (1). Après avoir bu la coupe symbolique, la mariée changea de robe, et la fête se termina, heureuse, parmi les réjouissances, les danses et les chants.

Les époux vécurent tendrement unis et eurent beaucoup de renardeaux, à la grande joie du vieil aïeul. Il ne pouvait se lasser d'admirer ses petits-enfants et de les caresser avec la même délicatesse que s'ils eussent été des fleurs ou des papillons.

— Oh! comme ils me ressemblent, disait-il fièrement. Comme ils sont forts, comme ils sont vigoureux! Je suis bien sûr qu'ils n'auront jamais besoin du moindre médicament.

Quand les renardeaux furent en âge, on

(1) En France, lorsque le soleil luit pendant une averse, nous disons que le diable bat sa femme. Au Japon, on dit que la nouvelle épousée du renard va rejoindre son mari.

les conduisit au temple d'Inari-Sama (1), le patron des renards, et leurs grands-parents demandèrent au saint de les délivrer des chiens et de tous les fléaux que les renards peuvent redouter.

La vie du renard blanc s'écoula douce et tranquille. Chaque année vit croître le nombre de ses enfants et grossir son patrimoine. Heureux dans sa famille, heureux dans ses affaires, il put, avec une joie sans mélange, voir renaître beaucoup de printemps.

(1) Inari-Sama est le nom sous lequel fut élevé aux honneurs divins Uga, personnage fabuleux, qui le premier cultiva le riz. On le représente portant des céréales, et son emblème est un serpent qui veille sur des sacs de riz. Les renards obéissent à ses ordres, et lui tiennent lieu de serviteurs. Les Japonais lui rendent de grands honneurs, car le riz est leur principale nourriture et le produit le plus important de leur pays. Presque dans chaque jardin s'élève quelque oratoire en l'honneur d'Inari-Sama. Un des jours du second mois de l'année est consacré à son culte, qu'on célèbre alors parmi un très grand vacarme, où les roulements du tambour alternent avec mille autres bruits.

HISTOIRE DE SAKATA-KINTOKI

Il y a très longtemps vivait un officier de la garde impériale nommé Sakata-Kurando. C'était un *samouraï* (1) très brave et très instruit dans l'art de la guerre, mais d'un caractère tendre et doux. Son cœur appartenait à la belle Jaégiri, qui habitait le quartier de Gozôsaka, dans la ville de Kioto (2), et la vie semblait lui sourire. Malheureusement, des envieux perdirent Kurando dans l'esprit de son seigneur. Disgracié, banni de la ville impériale, il

(1) Homme de la caste militaire, attaché à un seigneur par des liens de vassalité, et protégé de ce seigneur.

(2) Résidence du mikado et capitale du Japon, de 794 à 1868.

devint un *rônin* (1), triste chevalier errant, sans maître, sans foyer, et s'en fut sur les routes lointaines, cherchant quelque façon de gagner sa vie.

Cependant Jaégiri, souffrant d'un grand mal d'amour, courait, douloureuse, les plaines et les monts, les bois et les campagnes, en appelant son ami perdu. Enfin, elle le retrouva sous les haillons d'un pauvre colporteur. Égaux en amour, égaux en misère, ils s'unirent; mais le malheur avait aboli chez Kurando la force de vivre, et bientôt il dut quitter ce monde et Jaégiri.

Après avoir enseveli son époux, la triste veuve gagna, parmi les monts Ashigara, un asile distant et solitaire, où un fils lui naquit. A peine venu au jour, l'enfant était

(1) Samouraï ayant quitté pour un motif quelconque le service de son seigneur et vivant à l'aventure, bon à tout, prêt à tout, en bien comme en mal.

si fort qu'il courait et jouait dans les hautes herbes de la montagne. Un bûcheron, témoin de ce prodige, s'en effraya d'abord, croyant à quelque sorcellerie ; mais, peu à peu, son inquiétude s'apaisa, il se prit à aimer l'enfant merveilleux et le surnomma : Petit Prodige ; tandis qu'il appelait sa mère : la Fée des Montagnes.

Un jour, comme Petit Prodige jouait au pied d'un cèdre, il vit un nid de tangues (1) sur les plus hautes branches. Aussitôt, loin d'avoir peur, il saisit le tronc de ses mains enfantines et le secoua si fort que le nid, ébranlé, tomba. L'illustre guerrier Minamoto no Yorimitsu chassait alors sur la montagne, avec Watanabé Isuni, Usui Sadamitsu et plusieurs autres de ses fidèles compagnons. Frappé d'étonnement par

(1) Tangue ou chien de l'air : oiseau diabolique, sorte de croquemitaine japonais.

l'exploit de Petit Prodige, il chargea Watanabé Isuni de connaître le nom de cet enfant extraordinaire, et de savoir la race dont il était descendu. La Fée des Montagnes dit qu'elle était la veuve de Kurando, et que Petit Prodige était le fils du brillant guerrier ; puis elle conta toutes ses tristesses, toutes ses misères.

Lorsque Yorimitsu connut cette histoire, il vint lui-même trouver celle qu'on nommait jadis la belle Jaégiri.

— Pauvre veuve, lui dit-il, cet enfant est certainement digne de son lignage ; confiez-le-moi, je le prendrai comme page, et, plus tard, j'en ferai mon compagnon d'armes.

— Seigneur, répondit Jaégiri, mon fils sera votre loyal serviteur : qu'il vous suive et grandisse sous le toit protecteur de votre palais. Pour moi, je dois rester ici, fidèle au tombeau de mon époux.

Laissant à sa douleur la veuve de Kurando, Yorimitsu emmena Petit Prodige, qu'il nomma Sakata Kintoki.

Le page devint un samouraï illustre, le héros de mille aventures. On conte toujours son histoire, et les petits enfants portent son image sur leur cœur, en demandant au ciel de les faire braves et forts comme lui.

LES LUTINS DE LA MONTAGNE ET LE VOISIN ENVIEUX

Une fois, le villageois Saïto, qui rentrait à la brune, en traversant la montagne, fut surpris par l'orage et s'égara. Désespérant de retrouver sa route avant l'aube prochaine, il se blottit dans le creux d'un vieil arbre, et s'endormit. Vers minuit, des chants joyeux l'éveillèrent. La pluie avait cessé ; le ciel devenait clair ; la lune brillantait les feuilles humides. Dans une clairière voisine, ombrée par de grands sapins, mille lutins dansaient en chantant. La mousse servait de tapis ; les longs fils blancs de l'araignée, tout emperlés de gouttelettes, tenaient lieu de girandoles ; le vent adouci, caressant les ramilles, accompagnait les voix d'un murmure cadencé. D'abord, le bûcheron pensa mourir d'épouvante et, de toute la force de ses paupières, referma les yeux ; mais, peu à peu, il reprit courage, les lutins chantaient une gaie chanson, et des éclats de rire ponctuaient chaque strophe.

Bientôt il ouvrit un œil entre deux cils clignotants, puis son regard devint plus hardi ; enfin, oubliant toute crainte, il quitta son abri protecteur et vint se mêler à la fête. Les lutins l'accueillirent joyeusement, et le firent chanter, danser et boire avec eux pendant le reste de la nuit.

Quand la clarté blanche de la lune se teinta d'un reflet bleuissant, annonciateur de l'aube naissante, ils enlacèrent leurs mains pour une dernière ronde.

— Gai compagnon, gai compagnon,

chantaient-ils, les lutins valent mieux que les hommes ; promets, promets de revenir bientôt danser et rire avec eux.

— Je le promets, répondit Saïto.

— Les hommes sont oublieux, reprit un vieux lutin plein d'expérience. Donne-moi un gage qui nous assure de ton retour.

— Un gage ? mais je n'ai rien qui soit digne de vos Seigneuries.

Cependant le vieux lutin avait remarqué sur le front du villageois une grosse loupe, dessinant, au ras des cheveux, sa protubérance arrondie.

— Oh ! dit-il, quel est cet appendice inusité aux autres hommes ?... Voici justement le gage qu'il nous faut ; et, d'un tour de main leste, il enleva la loupe de Saïto.

Cependant l'aube naissait, une buée blanche enveloppa les lutins, leurs petits corps dépouillèrent toute forme précise, se fluidifièrent, puis s'évanouirent en flocons opalins.

A la clarté du jour, Saïto retrouva sa route et rentra chez lui, fort ému de son aventure, mais tout joyeux d'être débarrassé de sa loupe. Les voisins, informés de l'histoire, vinrent le féliciter de l'opération heureuse que son crâne avait subie. Un seul, nommé Yoshisada, demeurait à l'écart, triste et soucieux. C'est que lui aussi était affligé d'une loupe énorme, plantée sur l'occiput, et, jaloux par nature, il enrageait de voir la chance de son voisin. Tout le jour il s'agita, bourrelé d'envie, puis, le soir venu, il gagna la forêt et, profitant des indications de Saïto, trouva bientôt l'arbre creux, près de la clairière.

Vers minuit, les lutins parurent et commencèrent à danser en chantant. Aussitôt, Yoshisada vint se joindre à eux. Le prenant pour leur compagnon de la veille, ils lui firent fête, et le temps passa gaiement. Quand vint le crépuscule, le chef des esprits follets lui dit :

— Voici le moment de vous rendre votre gage; et, incontinent, il lui planta sur le milieu du front la loupe de Saïto.

Yoshisada voulut réclamer, mais déjà les lutins s'étaient évanouis. Il dut retourner chez lui avec deux loupes au lieu d'une. Tout le village rit de l'aventure ; et quoique cette histoire soit bien vieille, on la conte encore à ceux qui envient le bonheur d'autrui.

HISTOIRE DU POISSONNIER ZENROKU

Vers 1820, demeurait à Yédo (1), rue Mikawa, dans le quartier de Kanda, un pauvre poissonnier nommé Zenroku. Il était veuf et vivait avec son fils encore enfant. Une vieille servante, prise après la mort de sa femme, tenait la maison. Lui-même sortait beaucoup. Il allait, de grand matin, chercher des poissons au marché, puis parcourait la ville pour les revendre à ses clients. Un jour qu'il jouait à certain jeu de hasard interdit, la police l'arrêta et le mit en prison. Le délit n'était pas grave.

(1) Yédo, la plus grande ville du Japon, naguère métropole et résidence du shogun. En 1868, immédiatement après la restauration, le mikado vint s'y établir, la nomma Tokio et en fit la capitale de son empire.

Le juge refusa pourtant de laisser Zenroku en liberté provisoire. Son fils fut confié aux agents de police de Kanda, qui en avaient grand soin, car l'enfant était gentil et le poissonnier passait, malgré sa faute, pour un fort honnête homme.

Tandis que l'instruction se prolongeait, Zenroku, atteint par l'humidité méphitique de la geôle, prit la fièvre et devint gravement malade. Un soir, il entra, pâle et décharné, au poste de police de Kanda. Tout le monde s'enquit de sa santé, puis le félicita de sa libération. Mais il répondit :

—Je ne suis pas libre encore ; et c'est par faveur spéciale que j'ai pu venir jusqu'ici. Demain seulement, j'aurai ma grâce et retournerai dans ma maison. Il me faut coucher une dernière nuit en prison. Je vous remercie des bons soins que vous avez donnés à mon fils, et vous demande de lui continuer votre affectueuse protection.

A ces mots, dits avec une grande expression de tristesse et de regrets, il ouvrit la porte et s'éloigna.

Le lendemain, les agents de police de Kanda, furent mandés à la prison. Ils s'y rendirent, pensant trouver Zenroku libéré; mais, à leur extrême surprise, le geôlier leur annonça que le poissonnier était mort la nuit précédente. On les avait fait appeler pour prendre sa dépouille et procéder aux funérailles. C'était donc un spectre qu'ils avaient vu la veille au soir, et le cadavre seul de Zenroku devait revenir le lendemain dans son logis.

Les policiers firent à Zenroku des funérailles convenables, et élevèrent son fils qui vivait encore il y a peu d'années.

HISTOIRE DE LA SERVANTE D'AOYAMA SHUZEN

Au dix-septième siècle habitait à Yédo, rue Bancho, un haut fonctionnaire de la police, chargé spécialement de rechercher les voleurs et les incendiaires. Il se nommait Aoyama Shuzen, et était réputé cruel, insolent, sans cœur, sans pitié, capable de livrer un malheureux à la torture et à la mort pour satisfaire sa haine ou sa vengeance. Il avait une servante appelée O Kikou. Cette fille, entrée dès l'enfance chez Shuzen, connaissait parfaitement le caractère de son maître. Un jour, par malchance, elle cassa une assiette de grande valeur, dont le bris dépareillait une dizaine (1). Convaincue qu'elle ne pourrait éviter une grave punition, mais espérant mériter quelque indulgence par sa franchise, elle vint avouer l'accident à sa maîtresse, et toutes deux attendirent, tremblantes, le retour du policier. Dès qu'il connut la maladresse d'O Kikou, Shuzen se mit dans une terrible colère, attacha la pauvre femme avec des cordes, et l'enferma dans une armoire. Chaque jour, il venait lui couper un doigt, et la malheureuse souffrait mille morts dans son immobile agonie. A la fin cependant, elle trouva quelque manière de rompre ses liens avec les dents, gagna le jardin, se jeta dans un puits et s'y noya. Depuis lors, chaque nuit, une voix lamentable, sortant du puits, comptait : un, deux, trois et ainsi de suite

(1) L'usage japonais est de compter par dizaines dans les circonstances où les Français compteraient par douzaines.

jusqu'à neuf, nombre des assiettes intactes; puis, au moment de compter dix, éclatait en lamentations. Tous les serviteurs, terrifiés, quittèrent la maison. Ainsi abandonné, Shuzen tomba dans un grand trouble, négligea ses fonctions policières et fut destitué.

A cette époque vivait, au temple de Denzuin, un bonze fameux, nommé Mikadzuki Shônin. On lui conta la terrifiante histoire, et il vint une nuit chez Shuzen. Comme d'habitude, la voix commença de compter; alors le prêtre reprocha au fantôme son obstination vengeresse, et, par ses prières ou ses exorcismes, obtint que la morte ne vînt plus troubler les vivants.

LA MAISON HANTÉE

Il y a un demi-siècle, nul ne voulait habiter une maison située à Yédo, dans la partie du quartier de Honjô, nommée Mitsumé, car des revenants y apparaissaient chaque nuit. Cependant, un pauvre maître d'armes nommé Miura Takeshi, natif de la province d'Oshiu, était venu s'établir avec sa famille à Yédo. Fort en peine de trouver un logis à cause de ses faibles ressources, il avait déjà battu toute la ville, lorsqu'il entendit parler de la maison hantée. Le propriétaire, désespérant de la louer, offrait de la prêter à qui voudrait. Miura dit qu'il ne craignait pas plus les morts que les vivants, prit une salle d'armes pour donner ses leçons, et s'établit dans la redoutable demeure avec sa femme et ses enfants. Son métier l'occupait depuis le matin jusqu'à une heure tardive de la soirée; parfois même, il ne rentrait qu'après minuit. Un soir, sa femme entendit des coups de feu qui semblaient tirés près d'une mare creusée au fond du jardin. Persuadée qu'il s'agissait d'un maléfice des fameux revenants, elle se blottit sous ses couvertures et, mourant de peur, attendit Miura. Peu à peu la fusillade s'apaisa. Tout bruit avait cessé avant l'arrivée du maître d'armes, et la nuit s'acheva paisiblement.

Pensant que le même phénomène se reproduirait chaque nuit à la même heure, Miura rentra le soir suivant plus tôt que de coutume. Comme il l'avait prévu, des coups de feu éclatèrent du côté de la mare, un peu avant minuit. Aussitôt il ouvrit les volets, et aperçut d'abord un nuage épais flottant sur l'eau. Ensuite, le nuage devenant moins dense, il distingua la tête d'un homme chauve, toute cernée de brouillard. Dès le lendemain, il prit des informations précises dans le quartier et apprit l'histoire suivante. Dix années auparavant, un locataire de la maison avait emprunté de l'argent à un masseur aveugle (1), puis, ne pouvant s'acquitter, avait tué le prêteur et jeté sa tête dans l'eau. Le maître d'armes vida la mare. Un crâne gisait tout au fond. Il le recueillit pieusement, le porta dans un temple et demanda des prières pour le défunt auquel ce crâne avait appartenu. Depuis lors, tout bruit inquiétant cessa : nul fantôme ne hanta plus la maison.

(1) Les aveugles, assez nombreux au Japon, sont généralement masseurs ou prêteurs à la petite semaine. Parfois aussi, ils réunissent ces deux métiers. L'expression « faire des prêts d'aveugle » s'emploie couramment pour dire : prêter à des taux usuraires.

OU L'ON VERRA COMMENT TAJIMA SHUMÉ SE CRUT OBSÉDÉ PAR UN SPECTRE QUE SON IMAGINATION SEULE AVAIT CRÉÉ

Jadis, le rônin Tajima Shumé, homme capable et d'esprit cultivé, résolut, pour s'instruire encore, de faire le tour du Japon. Comme il se rendait de Tokio à Kioto par la célèbre voie du Tôkaidô (1), il rencontra près de Nagoya, dans la province d'Owari, un bonze mendiant. Tous deux suivaient la même route ; ils nouèrent connaissance et résolurent de voyager ensemble pour tromper l'ennui des étapes par mille agréables

(1) Route célèbre, dont il est fort souvent question dans les récits japonais. Les gîtes d'étape de cette route étaient renommés, et de nombreux albums les représentent.

causeries. Peu à peu, leur liaison, née du hasard, devint une amitié confiante, ils parlèrent sans contrainte de leurs affaires personnelles, et le bonze apprit au rônin le but qu'il poursuivait.

— Depuis longtemps, dit-il, un seul désir m'absorbe tout entier. Je veux élever à Bouddha une belle statue de bronze et, pour me procurer la somme nécessaire, j'ai mendié par tout le Japon. Enfin, je suis parvenu — non sans beaucoup de peine — à recueillir deux cents onces d'argent. Elles me permettront, je l'espère, d'accomplir mon pieux dessein.

Certain proverbe dit : « L'homme qui porte un trésor porte un danger ».

A peine le rônin eût-il entendu les paroles du prêtre que des instincts mauvais s'éveillèrent en lui.

— Notre vie, pensa-t-il, est pleine d'occasions, bonnes ou mauvaises, de la naissance à la mort ; je vais avoir quarante ans et je suis encore un samouraï errant, sans emploi et sans espoir d'en trouver. A coup sûr ce serait mal... pourtant, si je possédais l'argent dont ce prêtre parle avec complaisance, une existence heureuse me serait assurée.

Vagues d'abord, ces pensées coupables devinrent bientôt précises, et le rônin ne songea bientôt plus qu'à dépouiller son compagnon. Le bonze, sans soupçons, poursuivait joyeusement son chemin. Les deux voyageurs atteignirent ainsi Kuana. Un peu plus loin, la voie est coupée par un bras de mer qu'il faut traverser en bateau. Le service n'est pas assuré à des heures régulières, car le passeur attend pour se mettre en route qu'il ait trente ou quarante voyageurs. Tajima Shumé et le prêtre s'embarquèrent donc avec d'assez nombreux compagnons. A mi-route, tandis que le bonze se tenait près du bastingage, le rônin le poussa et le fit tomber dans la mer. Au bruit de la chute, à la vue du prêtre se débattant dans l'eau, chacun fit son possible pour lui venir en aide. Mais la brise gonflait les voiles : tandis qu'on virait de bord, non sans peine, le bonze disparut.

Tajima Shumé fit montre d'un extrême saisissement et d'un très vif chagrin.

— Ce malheureux prêtre, dit-il, était mon cousin. Il allait en pèlerinage au sanctuaire de sa confrérie, à Kioto. Comme j'avais également affaire dans la capitale, nous étions convenus de voyager ensemble. Hélas ! mon pauvre parent est mort : me voilà seul aujourd'hui.

Il parlait avec tant d'émotion, fondait en larmes si sincères que tous les passagers commencèrent de le plaindre et se prirent à le consoler. S'adressant alors au batelier, il ajouta :

— Nous devrions déclarer l'accident aux autorités, mais je suis fort pressé. En outre, cette affaire pourrait vous amener quelque ennui ; ne vaudrait-il pas mieux la taire pour le moment ? Dès mon arrivée à Kioto, je ferai part du malheur au chef religieux de mon cousin, et j'en écrirai dans notre pays. Qu'en pensez-vous, messieurs ? conclut-il, en se tournant vers les autres passagers.

Ceux-ci, trop heureux d'éviter un encombre, acquiescèrent à la proposition et, dès que le bateau eut accosté la rive, s'en furent chacun de leur côté.

Le rônin, plein d'une joie mauvaise, emporta les bagages du bonze et poursuivit sa route vers Kioto. Arrivé dans la ville impériale, il prit le nom de Tokubei, abandonna ses privilèges de samouraï, et monta un commerce avec l'argent du défunt. La fortune le favorisa : il fit d'excellentes affaires, vécut largement, se maria et eut un fils.

Le nombre des jours et des mois révolus depuis la mort du bonze avait parfait trois années, lorsque, par un beau soir d'été, Tokubei se mit à son balcon pour jouir de la fraîcheur de la nuit. Devant lui s'étendait une pelouse bordée de grands sapins. Il était seul et rêvait ; une vague mélancolie attristait son âme peu à peu. Tout à coup, le souvenir de son crime revint, très vif, à sa mémoire.

— Je suis riche, pensait-il, mes affaires sont brillantes, grâce à l'argent que j'ai volé naguère au bonze mendiant. Tout me réussit ; pourtant mon cœur reste troublé.

Ah! maudit soit le sort qui me fit naître pauvre. Seule, la misère, mauvaise conseillère, m'a perdu.

Tandis qu'un remords, subitement avivé, bourrelait son âme, il crut apercevoir, de l'autre côté de la pelouse, une forme humaine, d'apparence indécise, debout contre un sapin. Peu à peu, devant son regard plus attentif, les contours s'accusent. Bientôt, il distingue un homme, maigre et pitoyable, dont les yeux éteints dorment au fond de leurs orbites. Enfin, il reconnaît le bonze qu'il avait jeté à la mer près de Kuana. Les yeux du spectre s'étaient animés; sa bouche sans lèvres essayait de sourire. Tokubei, épouvanté, veut fuir. Le spectre avance, l'enserre de ses bras décharnés, le regarde et penche sa face vers lui. Un homme ordinaire aurait perdu connaissance, mais Tokubei avait été naguère un soldat, brave parmi les plus vaillants; d'un violent effort il secoue l'affreuse étreinte, rentre dans son logis, prend une dague et attaque le fantôme. Sa lame frappe en vain. A chacun de ses coups, le corps du spectre se dissipe comme un brouillard, puis se reforme aussitôt, et cette lutte affreuse contre un simulacre dure jusqu'au matin. C'en était fait du repos de Tokubei. Désormais, le spectre troubla chaque nuit son sommeil, et ses jours se passèrent dans l'effroi prochain de la nuit. Bientôt, il tomba malade, répétant sans cesse : « Malheur! malheur! le bonze mendiant va revenir me torturer ». On le crut en délire et les médecins voulurent lui donner des remèdes. Mais nul soin n'allégeait son angoisse, et tous les voisins, surpris, parlaient du mal étrange dont souffrait le riche marchand Tokubei. Le bruit en arriva jusqu'à un pauvre bonze qui logeait à quelque distance. Il écouta très attentivement tout ce qu'on lui dit, demanda encore certains détails, puis secoua gravement la tête d'un air entendu, et offrit aux parents du malade l'intervention de ses prières. Affolée de douleur, désespérée par l'inanité des remèdes, la femme de Tokubei accepta la proposition, et conduisit le prêtre dans la chambre de son mari. Aussitôt, le malheureux se mit à crier :

— Au secours! défendez-moi, c'est lui, c'est lui, le bonze mendiant qui vient encore me tourmenter. Pardon! ah, pardon!

Frissonnant de terreur, Tokubei pelotonnait ses membres et cachait sa tête sous ses couvertures.

Le prêtre fit sortir tout le monde, puis s'approchant du malade, lui dit très bas, la bouche contre l'oreille :

— Rappelez-vous, rappelez-vous ce qui advint, il y a trois ans, près de Kuana. C'est moi, votre victime, moi que vous avez jeté à la mer.

Tokubei ne répondait rien, frappé d'épouvante; et ses membres, tremblants, s'entrechoquaient comme ceux d'un pendu qui gambille au gré du vent.

— Par bonheur, continua le prêtre, je savais, depuis mon enfance, nager et plonger; je réussis à gagner la rive, mais ne pus trouver votre trace pour vous réclamer mon argent. Alors, je repris ma vie errante, et finis par recueillir tant d'aumônes nouvelles que j'accomplis enfin le vœu cher à mon âme, en élevant une statue de bronze à Bouddha. Dernièrement, le hasard me fit prendre un logis dans votre quartier. Aussitôt, les voisins me parlèrent de votre mal étrange. Croyant en deviner la cause, j'ai voulu vous voir, et maintenant je suis sûr de ne m'être pas trompé. Vous avez commis un abominable forfait, mais je suis prêtre et dois ignorer la haine comme la vengeance. Je ne vous en veux point ; repentez-vous et soyez vertueux désormais. Votre pénitence réjouira mon âme. N'ayez pas peur, regardez-moi en face : je suis un homme, et non un spectre acharné contre vous.

Revenu de son épouvante, et remué par la mansuétude du prêtre, Tokubei, sanglotant, répondit :

— En vérité, les mots manquent à ma pensée. En un jour de démence, j'ai voulu vous faire périr et j'ai volé votre argent. Ensuite, la fortune m'a été favorable ; pourtant, à mesure que grandissaient mes richesses, le remords de mon âme devenait plus cuisant, le jour expiatoire me semblait plus proche. Peu à peu, mes sens inquiets ont trompé ma raison. Une nuit, j'ai cru voir votre fantôme, et ma vie, depuis lors, n'est plus qu'une souffrance... Mais, comment avez-vous pu vous sauver? Comment vivez-vous encore? Je ne le comprends pas!

— L'homme coupable, reprit le bonze, en souriant, frissonne au bruissement de l'air parmi les feuilles, au claquement du bec des cigognes. La conscience égarée du criminel donne la vie aux chimères qui troublent son esprit. La misère, mauvaise conseillère, entraîne le pauvre à des fautes dont, en des jours meilleurs, il éprouve le regret. Comme l'enseigne Mencius (1), l'homme naît avec une âme ingénue que la vie corrompt peu à peu.

(1) Philosophe chinois.

Ainsi parla le bonze. Tokubei, repentant, lui demanda pardon et voulut lui rendre le double de la somme qu'il lui avait volée trois années auparavant.

Le prêtre refusa d'abord, puis, sur les instances du marchand, prit l'argent qu'il lui offrait, et le distribua en aumônes. Tokubei recouvra la santé et vieillit dans une paix heureuse. Désormais, il se montra, en toutes circonstances, charitable, compatissant, vertueux. Les siens le tinrent en grande estime, et les étrangers le réputèrent homme de bien.

LE CHAT-VAMPIRE DES NABÉSHIMA

Il est de tradition chez les Nabéshima, princes de Hizen, qu'un de leurs aïeux fut ensorcelé par un chat.

Jadis vivait à la cour princière une dame, très belle, très instruite, parée de tous les charmes, que l'on nommait O Toyo. Certain soir, tandis que le prince parcourait avec elle les jardins fleuris, et s'attardait à respirer le doux parfum des glycines, il ne remarqua point un gros chat noir qui les suivait. De retour au palais, O Toyo prit congé du seigneur, gagna son appartement, se coucha et s'endormit. Toujours inaperçu, le chat l'avait accompagnée dans sa chambre. Vers minuit, elle s'éveilla. L'étrange animal se tenait accroupi tout près d'elle et, de ses yeux guetteurs, l'épiait. Saisie de frayeur, elle veut appeler : le chat lui saute à la gorge et l'étrangle. Il enterra ensuite le corps d'O Toyo dans un endroit secret, prit toute son apparence extérieure et revint au palais. Nul ne découvrit la métamorphose, et le chat démoniaque put continuer la vie de celle qu'il avait assassinée.

Peu après, le prince tomba dans une grande langueur ; ses forces déclinaient, sa face devenait livide, un mal profond semblait l'avoir atteint. La princesse et les conseillers auliques mandèrent de nombreux médecins. Chacun ordonna quelque drogue dont il préjugeait la vertu souveraine, mais tout fut inutile : l'état du seigneur ne cessa d'empirer. La nuit redoublait ses souffrances, car des rêves affreux l'obsédaient. On désigna cent serviteurs pour le veiller. Mais, dès le premier soir, vers dix heures, ils furent pris, soudain, d'une torpeur invincible, et s'endormirent l'un après l'autre. Le chat métamorphosé en femme vint alors dans la chambre ; puis, comme un vampire, suça le sang du malade jusqu'aux premières clartés du matin. Plusieurs nuits de suite, le même phénomène se renouvela. En vain, trois conseillers du prince voulurent également veiller près de leur maître, un sommeil semblable les anéantit. Leur chef, Isahaya Buzen, convoqua aussitôt une grande assemblée, exposa la situation et conclut ainsi :

— Notre maître est certainement victime de quelque influence diabolique supérieure aux forces humaines. Allons trouver Ruiten, le premier bonze du temple de Miyô-

In, et demandons-lui d'implorer le ciel pour la guérison de Son Altesse.

Ruiten leur promit son aide, et, depuis lors, pria chaque soir pour le prince. Une nuit, vers la neuvième heure, comme il achevait ses oraisons et allait se coucher, il crut entendre du bruit dans son jardin, du côté du puits. Aussitôt, il ouvrit la fenêtre et vit un beau soldat, très jeune encore, qui, après s'être purifié par des ablutions, se mit en prière devant l'image de Bouddha. L'homme parlait à voix haute, et demandait au ciel la guérison du prince de Hizen. Ruiten, ému d'un tel attachement, ne le troubla pas dans ses invocations, et attendit qu'il fût prêt à partir pour l'interpeller.

— Monsieur, vous plairait-il d'attendre un instant. Je voudrais vous parler.

— Je suis aux ordres de votre Révérence. Que désirez-vous de moi ?

— Entrez, je vous prie.

— Serviteur, fit le soldat, en passant le seuil de la maison.

— Je ne vous cacherai pas mon admiration, poursuivit le prêtre. Vous êtes bien jeune encore, mais votre âme est loyale comme celle d'un vieux guerrier. Je suis Ruiten, premier bonze de ce temple, et je prie chaque soir pour notre cher seigneur. Mais, ayez l'obligeance de me dire votre nom.

— Je m'appelle Itô Sôda, homme de pied des troupes princières. Tout mon désir serait de soigner notre maître ; malheureusement, mon rang trop humble ne me permet pas d'être admis en son auguste présence ; et je peux seulement prier pour lui, en invoquant Bouddha et les dieux du pays (1).

(1) Les missionnaires bouddhistes, qui prêchèrent leur culte

Touché jusqu'aux larmes, Ruiten reprit.

— Je vous admire. Mais vous savez, je pense, de quel mal étrange souffre le prince. Chaque nuit des rêves horribles troublent son repos, tandis que ses veilleurs succombent à un sommeil mystérieux. C'est une chose inouïe.

— Et surnaturelle assurément, continua Sôda. Pourtant, s'il m'était permis de veiller Son Altesse, peut-être résisterais-je au sommeil et découvrirais-je le maléfice ?

— Je parlerai de vous au premier conseiller Isahaya Buzen, qui est mon ami, répondit le prêtre. Je lui vanterai votre loyauté, et lui demanderai de faire droit à votre désir.

au Japon, vers la fin du sixième siècle, ne cherchèrent pas à détruire les vieilles croyances, mais seulement à faire révérer Bouddha comme une divinité d'essence supérieure et parfaite, planant au-dessus du peuple secondaire des anciens dieux autochtones.

— Mille fois merci. Je ne cherche ni l'avancement ni les récompenses, et la guérison de notre auguste maître est le seul objet de mes vœux. Je compte sur votre bonté.

— C'est bien; demain soir je vous conduirai chez Isahaya Buzen, conclut le bonze.

— Encore merci et au revoir, dit en partant le soldat.

Le lendemain, Itô Sôda vint chercher Ruiten au temple de Miyô-In, et tous deux se rendirent chez Ishaya Buzen. Le prêtre entra seul, et s'enquit d'abord de la santé du prince.

— Comment va Monseigneur? est-il mieux depuis que je prie pour sa guérison?

— Non, en vérité, répondit Buzen. Son mal reste aussi grave. Un mauvais esprit vient chaque nuit le tourmenter; nous en avons la certitude; malheureusement nul veilleur ne peut résister au sommeil et surprendre ce démon. Ah! nous sommes dans une bien terrible anxiété.

— J'y prends part de tout mon cœur. Rien n'est plus angoissant que le doute. Mais, je pense avoir trouvé un homme qui saura découvrir l'ennemi de notre maître, et je vous l'ai amené.

— Qui ce peut-il être, en vérité?

— Un fidèle soldat, nommé Itô Sôda. J'espère que vous lui accorderez la permission de passer une nuit au chevet de Monseigneur.

— Quoi! un simple soldat? fit Isahaya Buzen, après un moment de réflexion. J'admire son rare dévouement; il n'est guère possible, néanmoins, d'autoriser un homme d'aussi humble condition à veiller le prince.

— Eh bien, récompensez son zèle par quelque avancement!

— Non, pas avant la guérison de Monseigneur. D'ailleurs, faites-le entrer. Je voudrais le connaître.

— Le voici, reprit Ruiten, en appelant le soldat.

Isahaya Buzen regarda le jeune homme avec attention; puis, satisfait de son air doux, de son apparence honnête, lui dit :

— Ainsi vous désirez veiller Monseigneur. Je ferai part de votre demande à mes collègues, et nous verrons.

Le lendemain, Itô Sôda obtint la permission qu'il sollicitait. A la nuit tombante, il vint prendre place dans la chambre princière, près des cent gardes déjà choisis. Le prince couchait au milieu de la pièce : les gardes l'entouraient en causant pour se tenir éveillés. Vers dix heures, la torpeur coutumière les saisit, et tous s'endormirent peu à peu. Itô Sôda sentit également le sommeil alourdir ses paupières. Alors, exécutant un projet dès longtemps préparé, il posa sur les nattes une feuille de papier huilé pour recevoir le sang qu'il allait répandre, tira le petit couteau engainé dans l'épais fourreau de sa dague, et se fit au genou une entaille profonde. Pendant quelques minutes, la douleur le tint éveillé, mais bientôt la torpeur magique vint l'accabler de nouveau. Alors, il commença de tourner et de retourner le couteau dans sa blessure, et l'acuité du mal chassa le sommeil de ses yeux. Soudain, les portes glissèrent sur leurs rainures. Il vit entrer, fluide comme une ombre, une jeune femme d'une merveilleuse beauté. Très doucement, elle regarda. Les gardes dormaient. Sa bouche eut un méchant sourire, et déjà elle s'approchait du prince, lorsque, tout-à-coup, elle aperçut, dans un coin de la chambre, luire les prunelles d'Itô Sôda.

— Qui êtes-vous donc, dit-elle, avec surprise? Je n'ai pas accoutumé de vous voir ici.

— On me nomme Itô Sôda. Je suis de garde pour la première fois.

— Triste emploi vraiment; tout le monde dort, et vous seul demeurez éveillé. J'en suis surprise et j'admire votre vigilance.

— Oh! ne me faites pas de tels compliments, car j'ai grand sommeil.

— Mais le sang coule de votre genou. Qu'est-ce donc?

— Je me suis blessé volontairement, afin que la douleur me tînt éveillé.

— Vous méritez toutes les louanges.

— Un bon serviteur ne doit-il pas être prêt aux plus grands sacrifices pour son maître? Je n'ai qu'une égratignure; ce n'est pas la peine d'en parler.

— Comment va notre seigneur cette nuit, reprit la belle dame; et, ce disant, elle essayait d'approcher du prince.

Un regard menaçant du fidèle veilleur l'arrêta. Vainement, elle tenta encore, par quelques détours, d'arriver jusqu'au malade. Toujours les yeux brillants d'Itô Sôda la suivaient. Enfin, elle s'éloigna. Derrière elle, les vantaux de la porte, glissant sur leurs rainures, se rejoignirent doucement.

Cependant le jour naissait. Les gardes endormis s'éveillèrent peu à peu. En apprenant au prix de quelles souffrances le nouveau veilleur avait résisté au sommeil, ils eurent honte d'eux-mêmes, et s'en allèrent fort contrits.

Quant à Itô Sôda, il se rendit chez Isahaya Buzen, pour lui raconter ce qu'il avait découvert. Les conseillers du prince le comblèrent d'éloges et lui demandèrent de faire bonne garde la nuit suivante. A la même heure que la veille, O Toyo entra, parcourut la chambre du regard et, voyant qu'Itô Sôda ne dormait point, se retira.

Cependant, le prince allait mieux ; le palais était en fête ; tous disaient les louanges du soldat loyal, devenu un personnage, et enrichi par le don d'une propriété. D'ailleurs, O Toyo avait interrompu ses visites nocturnes, et les gardes ne s'endormaient plus.

Itô Sôda en conclut qu'O Toyo était une créature démoniaque et le dit à Isahaya Buzen.

— Comment nous débarrasser de cette strige, répondit le prêtre, après un moment de réflexion?

— Je trouverai bien quelque moyen d'entrer dans sa chambre, et je tâcherai de la tuer. Vous n'aurez qu'à placer huit gardes près de la porte pour l'empêcher de fuir.

Le soir, Sôda vint chez O Toyo, sous prétexte de lui remettre une lettre du prince.

— Quel message m'apportez-vous, fit-elle, en le voyant. Son Altesse serait-elle malade de nouveau ?

— Non vraiment. Veuillez lire cette lettre.

A ces mots, il s'approcha, et voulut frapper O Toyo de sa dague ; mais elle bondit en arrière et, saisissant une hallebarde (1), s'écria :

— Comment osez-vous agir ainsi avec une dame de la cour ? Je vous ferai chasser du palais.

Une lutte s'engagea ; mais, tout à coup,

(1) Les vieilles légendes japonaises rapportent plusieurs exemples de femmes combattant comme de véritables amazones. Leur arme habituelle était une petite hallebarde à hampe de laque noire rehaussée d'or.

la hallebarde tomba, la femme disparut, et l'on ne vit plus qu'un chat noir énorme qui sauta par la fenêtre et grimpa sur les toits. Isahaya Buzen et les huit gardes apostés tirèrent sur lui sans l'atteindre. Le vilain animal s'enfuit, gagna la montagne et y fit mille ravages jusqu'au moment où l'on parvint à le tuer dans une grande battue.

Le prince guérit complètement, et Sôda fut magnifiquement récompensé.

HISTOIRE D'UN CHAT FIDÈLE

Il y a près d'un siècle, pendant l'été, un homme alla voir des amis qui habitaient Osaka. Tout en causant de mille choses, il se prit à dire :

— Je viens de manger d'étranges gâteaux.

Et comme ses hôtes le regardaient, surpris et interrogateurs, il ajouta :

— Ces gâteaux m'avaient été donnés par une famille qui célébrait le centième anniversaire de la mort d'un chat. Jadis, une jeune fille de cette maison, âgée d'environ seize ans, était continuellement suivie par un matou élevé chez ses parents. Son père le remarqua et se mit en colère. Assurément, pensait-il, ce chat, oublieux de nos bontés, est tombé amoureux de notre fille et veut lui jeter un sort. Il faut le tuer. Le chat devina tout. Le soir même, dès que le maître fut couché, il vint dans sa chambre, s'approcha de son oreiller, et, prenant une voix humaine, lui dit : « Vous me soupçonnez d'être amoureux de votre fille et les apparences me condamnent, mais vous vous trompez. Depuis bien des années, un vieux rat énorme s'est installé dans le grenier. C'est lui qui aime ma jeune maîtresse, et je n'ose la quitter un instant de crainte qu'il ne vienne l'enlever. Je ne puis, à moi seul, tuer ce rat, mais dans telle maison, chez telle personne, à Ajikawa, se trouve un chat fameux nommé Buchi. Veuillez l'emprunter à son maître; nous attaquerons tous deux le vieux rat et nous en aurons vite raison. »

Le lendemain, après avoir conté cette histoire aux siens, le père de famille partit pour Ajikawa. Il trouva facilement la maison indiquée par son chat, et le propriétaire lui prêta très volontiers Buchi. A la nuit tombante, il mit les deux chats dans le grenier. Bientôt, on entendit un fracas épouvantable. Tout le monde accourut. Le rat et les chats se trouvaient aux prises, enchevêtrés, haletants. On coupa la gorge du rat qui, à lui seul, était aussi gros que ses deux adversaires, et l'on soigna les graves blessures des chats ; mais nul cordial, pas même le ginseng (1), ne put les guérir, et ils moururent d'épuisement. Le rat fut jeté à la rivière, tandis que les chats étaient ensevelis avec honneur dans un temple voisin.

(1) Sorte d'herbe, dont les vertus fortifiantes sont très renommées. Le meilleur ginseng se recueille en Corée.

OU L'ON VERRA COMMENT LES RENARDS ENSORCELÈRENT UN HOMME ET LUI RASÈRENT LA TÊTE

Jadis vivait au bourg d'Iwahara, dans la province de Shinshiu, une famille enrichie par le commerce du saké (1). Un jour de fête, les membres de cette famille et de nombreux invités se trouvaient réunis pour un grand repas. Tandis que les servantes emplissaient les coupes, on en vint à parler des renards et des sorts mauvais qu'ils jettent aux humains. Parmi les hôtes se trouvait un certain Tokutarô, homme d'une

(1) Sorte de liqueur obtenue par la distillation du riz et contenant de onze à quatorze pour cent d'alcool.

trentaine d'années, ayant l'esprit court et la tête dure.

— En vérité, messieurs, dit-il tout à coup, vous parlez d'hommes ensorcelés par les renards ; vous êtes certainement ensorcelés vous-mêmes, pour ajouter foi à de telles balivernes. Comment voulez-vous que des renards aient un pouvoir semblable ? En tous cas, les hommes qui se laissent ainsi berner sont de francs imbéciles. Laissons là ces fadaises.

— Tokutarô, reprit un des convives, ignore bien des choses ; sans cela, il serait plus ménager de ses propos. Peut-on compter les victimes des renards? A ma connaissance, vingt ou trente personnes ont été ensorcelées par eux dans le seul marais de Maki. C'est indéniable, les faits se sont passés sous nos yeux.

— Vous êtes vraiment trop naïfs, répliqua Tokutarô. J'irai cette nuit même au marais de Maki et j'en reviendrai sain et sauf. Il n'y a pas dans tout le Japon un renard capable de refaire Tokutarô.

— Eh bien, reprirent les autres assistants, outrés de sa hâblerie, parions cinq mesures de saké et du poisson pour mille pièces de cuivre que les renards vous joueront un tour de leur façon.

— C'est entendu.

A la nuit tombante, Tokutarô partit pour le marais de Maki. En y arrivant, il vit un renard fuir vers un bosquet de bambous, et, tout de suite, commença de craindre quelque sorcellerie. Au même moment, il aperçut O Fuji, la fille du maire d'Orikané-le-Haut, qui avait épousé le maire de Maki.

— Bonsoir, monsieur Tokutarô, dit-elle. Où allez-vous donc ainsi?

— Je me hâte d'arriver à Horikané.

— J'y vais aussi. Nous ferons route ensemble, si vous le voulez bien.

Tokutarô, surpris de la rencontre, se crut en présence d'un renard métamorphosé en femme, et se mit à songer aux moyens de déjouer les ruses de la bête maligne.

— Je n'ai pas eu le plaisir de vous voir depuis longtemps, répondit-il ; puisque le hasard nous fait suivre la même route, je serai heureux de vous accompagner jusque chez vos parents.

Il se mit alors à marcher derrière O Fuji, persuadé qu'il allait voir un bout de queue de renard traîner par terre, mais son attente fut déçue.

O Fuji et Tokutarô atteignirent enfin Horikané. Comme les parents de la jeune femme étaient sur le pas de leur porte, ils s'exclamèrent en la voyant.

— Mais voilà notre fille ! Nous ne l'attendions pas. Serait-il arrivé, chez elle, quelque événement fâcheux ?

Puis ils l'accablèrent de questions.

Entre temps, Tokutarô avait gagné la porte de la cuisine. Il appela le père et lui dit :

— Prenez garde, cette créature n'est pas celle que vous croyez. Comme j'arrivais au marais de Maki, un renard a bondi dans un bosquet de bambous, puis en est ressorti aussitôt sous la figure de votre fille O Fuji. Elle m'a prié de l'accompagner, et, feignant d'ignorer la métamorphose, jel suivie.

A ces mots, le père secoua la tête, réfléchit un moment, puis appela sa femme et, tout bas, lui confia l'histoire. D'abord elle se mit en colère, et prit à partie Tokutarô.

— Eh bien, en voilà une façon d'insulter les gens ! C'est bien notre fille, on n'en peut douter. Comment osez-vous forger de pareilles histoires ?

— Je n'invente rien, répliqua-t-il, la sorcellerie est certaine. Vous êtes fort libre, d'ailleurs, de croire ce qu'il vous plaira.

A ces mots, les parents de la jeune femme, plus troublés qu'ils ne voulaient le paraître, commencèrent d'interroger Tokutarô.

— Que faire ? Donnez-nous un conseil ?

— Je me charge de tout. Avant peu la bête aura dépouillé sa figure humaine et repris son véritable aspect. Veuillez seulement vous retirer dans la chambre aux provisions et attendre un moment.

Alors Tokutarô rentra dans la cuisine, saisit par le cou la malheureuse O Fuji et la jeta par terre devant le foyer.

— Monsieur Tokutarô, pourquoi cette violence, gémissait-elle ? Mon père, ma mère, secourez-moi !

C'est en vain qu'elle implorait : nulle voix ne répondait à son appel, et Tokutarô riait de ses prières.

— Ah ! ah ! criait-il, ah ! ah ! vous avez voulu m'ensorceler; mais, depuis le moment où vous êtes entrée dans le bosquet de bambous, je me suis tenu sur mes gardes. Du reste, je saurai bien vous contraindre à reprendre votre forme véritable.

Et, ce disant, il lui tordait les poignets derrière le dos et lui infligeait mille souffrances ; mais elle ne savait que pleurer en répétant :

— Vous me faites mal ! vous me faites mal !

Arrivé par degrés à une rage éperdue, Tokutarô rugit enfin :

— Puisque vous ne voulez pas redevenir renard, je vais vous brûler.

Puis il empila des bûches sur le foyer,

releva la robe de sa victime, et l'exposa, pantelante, aux ardeurs du feu.

— C'en est trop. Je n'en puis plus. Je meurs, gémissait la malheureuse, qui bientôt expira.

En ce moment-là, revinrent les parents d'O Fuji, convaincus qu'ils allaient trouver Tokutarô avec quelque méchant renard ; mais ils ne virent, hélas ! que leur fille gisant sans regard et sans voix. . . . .
C'est en vain qu'ils la serrent dans leurs bras et veulent la ranimer. Leurs mains tremblantes, approchées de ses lèvres, n'y recueillent aucun souffle ; ils embrassent un cadavre, et ce cadavre est bien celui de leur fille, car nulle queue de renard n'apparaît. Alors ils se jettent sur Tokutarô, et leurs serviteurs l'attachent à un pilier.

— Misérable assassin, crient-ils, tu as brûlé notre fille sous prétexte qu'elle était un renard déguisé ! Tu l'as tuée dans notre propre demeure. Nous allons porter plainte au seigneur du pays, et la mort sera le châtiment de ton abominable forfait.

Ils déposèrent ensuite le corps d'O Fuji dans la chambre aux provisions, envoyèrent chercher son époux et commencèrent de funèbres préparatifs, tandis que le jour naissait. Sur ces entrefaites, vint à passer, suivi d'un acolyte, le bonze du temple d'Anrakuji.

Il heurta la porte, et dit à voix haute :

— Toutes choses sont-elles au gré de vos désirs, honorable maître de cette maison ? J'ai prié cette nuit dans un temple voisin, et ne pouvais passer devant votre logis sans prendre de vos nouvelles. Si vous le voulez bien, j'entrerai un moment pour vous présenter mes devoirs.

Du fond de sa demeure, où il s'était

retiré, le maire d'Horikané-le-Haut avait entendu la voix du prêtre ; il vint à la porte et, après les compliments d'usage, répondit :

— Excusez-moi de ne pas vous prier d'honorer mon humble maison par votre sainte présence : nous sommes dans la plus vive affliction.

— Vous êtes excusé ; mais, puis-je connaître le motif de votre chagrin ?

Le malheureux père conta tout, depuis le commencement jusqu'à la fin. Le bonze l'écouta sans l'interrompre et, lorsque le récit fut achevé, s'écria :

— Quelle épouvantable catastrophe !

Puis il ajouta, en apercevant le meurtrier.

— N'est-ce pas Tokutarô que je vois ici ?

— Oh ! mon Révérend Père, gémit Tokutarô, mon Révérend Père, c'est moi : c'est bien moi. Je vous en supplie, intercédez en ma faveur. Qu'au moins l'on me fasse grâce de la vie !

— Vous avez sujet de vous lamenter et je comprends votre inquiétude, répondit le bonze ; mais, si j'obtiens votre pardon, consentirez-vous à devenir mon disciple pour vous consacrer au service de Dieu ?

— Sauvez-moi la vie et je vous suivrai de tout mon cœur.

Le bonze appela les parents de la morte, et leur dit alors :

— Je ne suis qu'un vieux prêtre, humble de cœur et simple d'esprit ; il me semble, néanmoins, que je pourrai faire une œuvre utile aujourd'hui. Écoutez-moi. La mort de Tokutarô ne ressusciterait pas votre fille. Le pauvre homme m'a tout avoué. Ses intentions étaient pures. En tuant la créature qu'il prenait pour un renard, il a cru vous rendre service. Pardonnez-lui.

D'ailleurs, il veut me suivre et se consacrer à Dieu.

— Vous avez raison, répondirent les parents, après s'être consultés. Rien ne peut nous rendre O Fuji ! Mais rasez la tête du coupable et, sans plus attendre, qu'il prononce ses vœux.

— Ainsi soit-il. Sous vos yeux mêmes, votre désir va être satisfait. Le meurtrier d'O Fuji sera prêtre, avant que le soleil ait dissipé les brumes orientales qui offusquent encore son disque rougeoyant.

Aussitôt, le bonze fit détacher Tokutarô, et, mettant son écharpe sacerdotale, prit dans ses mains les mains du néophyte prosterné. Puis, il entonna un hymne et, d'un coup de rasoir, coupa quelques mèches sur la tête de Tokutarô. Enfin son acolyte acheva la tonsure, suivant toutes lesrègles de la liturgie.

Comme la cérémonie allait finir, un rayon de soleil nimba le crâne du nouveau prêtre et. . . . .

Tokutarô s'éveilla, au bruit d'un éclat de rire prodigieux. Il était seul, couché sur l'herbe humide, au pied d'un bosquet de bambous, à l'entrée du marais de Maki. Toute cette affreuse histoire n'était donc qu'un rêve ; pourtant, comme Tokutarô passait la main sur son front, ses doigts sentirent la peau lisse de sa tête rasée. Les renards l'avaient endormi d'un sommeil magique et, tandis qu'ils envoyaient à son esprit des songes épouvantables, avaient rasé ses cheveux. Le pauvre homme n'eut rien de mieux à faire que de s'envelopper le crâne d'un mouchoir ; puis alla retrouver ses amis.

— Eh bien, dirent-ils, en l'apercevant, vous voilà de retour. Quelles nouvelles des renards?

— En vérité, répondit Tokutarô, j'ose à peine paraître devant vous.

Il raconta toute l'aventure et, pour finir, arracha son mouchoir et montra sa tête rasée.

— Ah ! quelle plaisante histoire ! s'écrièrent les amis tout joyeux. Vous avez bien perdu votre pari. Maintenant payez votre enjeu.

Tokutarô fit honneur à sa parole, mais laissa ses compagnons manger sans lui le poisson et boire sans lui le saké, prix de sa gageure. Toujours oppressé par le souvenir de la nuit affreuse passée dans le marais enchanté, il avait quitté le monde et s'était fait prêtre sous le nom de Sainen. Ses cheveux, coupés par les renards, ne repoussèrent plus désormais.

LES RENARDS RECONNAISSANTS

Par une belle journée de printemps, deux amis, Bunrin et Okyo, allèrent dans une lande cueillir des fougères. Un domestique les suivait, portant une bouteille de saké et une boîte de provisions. Tandis qu'ils se promenaient, ils aperçurent, au pied d'une colline, un renard et sa renarde qui surveillaient les ébats d'un petit renardeau, leur fils assurément. A ce moment, trois enfants arrivaient du village, chassant les libellules avec de très longs et très légers bambous. En voyant les renards, ils abandonnèrent les insectes pour courir après le renardeau qu'ils parvinrent à capturer. Okyo les interpella :

— Eh bien, enfants, qu'allez-vous faire de ce pauvre petit renard ?

— Nous allons le vendre à un homme de notre village qui le fera bouillir et le mangera, répondit le plus âgé des gamins.

— Pourvu que vous le vendiez, reprit Bunrin, après un temps, je suppose que l'acheteur vous importe peu.

— Certes oui, seulement notre voisin doit nous le payer plus cher que vous ne le feriez.

— C'est possible. Combien vous donnera-t-il ?

— Au moins trois cents sens.

— Voilà un demi-bu (1), vous n'espériez pas tant.

— Prenez donc le renardeau, monsieur. Mais, comment le tiendrez-vous ?

— De cette façon, répliqua l'acheteur,

(1) Cinq cents sens.

en attachant la petite bête avec le ruban de la boîte aux provisions.

Dès que les gamins furent partis, Okyo se mit à rire.

— Vraiment, dit-il à son ami, vous avez des goûts très bizarres. Que voulez-vous donc faire de ce renardeau ?

— Vous êtes peu aimable de parler ainsi de mes goûts. Si nous n'avions pas été là, c'en était fait de la pauvre bête ; et toute idée de mort est pour moi une souffrance. Ne le saviez-vous donc pas ?

— Pardon, je l'oubliais.

Les deux amis caressèrent le renardeau ; puis, comme il avait au pied une blessure légère, cherchèrent pour la guérir quelques pousses nouvelles de l'herbe du docteur Nakassé. Bientôt les renards revinrent et, cachés derrière une meule, se mirent à regarder leur petit. Aussitôt,

Bunrin lâcha le renardeau qui, d'un bond, rejoignit ses parents.

Bunrin habitait le bourg voisin. C'était un gros marchand, fort considéré. Son épouse était bonne. Ses affaires prospéraient. Il avait à ses ordres des commis et des serviteurs nombreux. Son bonheur en ce monde eût été complet, si un mal étrange n'était venu frapper son fils unique, âgé de dix ans. Nul médecin n'avait pu guérir l'enfant ; nul remède ne l'avait soulagé. Un jour cependant, le docteur Tawada, praticien célèbre, prescrivit au petit malade certaine drogue faite d'un foie de renard pilé. Les parents, très surpris, allèrent trouver un bûcheron de la montagne, et lui dirent quelle était l'ordonnance du médecin.

— Nous ne voudrions pas, ajoutèrent-ils, enlever la vie à un être, même pour sauver notre fils ; mais, quand vos voisins iront à la chasse et tueront un renard, veuillez en acheter le foie, n'importe à quel prix.

Dès le lendemain, un messager, porteur d'un petit pot, se présenta chez Bunrin :

— Je vous apporte, dit-il, un foie de renard que le bûcheron vous envoie. Dans quelques jours, il vous en fera connaître le prix.

— Ah ! répondit Bunrin, quel bonheur ! Voilà donc le remède qui doit guérir notre enfant.

— Il faut, ajouta la mère, en prenant le petit pot avec mille formules de politesse, donner un présent au messager ; puis, comme il se fait tard, l'inviter à passer la nuit dans notre maison.

L'homme refusa tout, disant qu'il avait été largement payé de sa peine et qu'il coucherait dans le voisinage, chez un de ses cousins. Mandé en hâte par Bunrin, le docteur Tawada pila le foie de renard suivant certaines formules, et le fit prendre à l'enfant qui parut mieux aussitôt. Vous jugez si la joie fut grande dans la maison.

Trois jours après, le hasard amena le bûcheron chez Bunrin.

— Quelle reconnaissance ne vous dois-je pas ! s'écria la mère du petit malade, dès qu'elle l'aperçut. Le médecin a préparé, avec le foie de renard, un merveilleux électuaire, et déjà notre fils va mieux. Il se lève et marche dans sa chambre : bientôt, il sera guéri.

— Que voulez-vous dire? Je ne vous comprends pas, répondit l'homme étonné. Je n'ai pu faire votre commission et je venais m'en excuser.

— Mais, reprit la dame non moins surprise, en saluant jusqu'à terre, ne devons-nous pas vous remercier du foie de renard que vous nous avez envoyé.

— Je comprends de moins en moins. Je vous assure qu'il y a un malentendu.

— Non, vraiment. Voici quelques jours, à la nuit tombante, un homme d'environ trente-cinq ans est venu apporter un foie de renard que vous lui aviez remis à notre intention. Nous l'avons prié de s'arrêter chez nous, mais il a décliné l'invitation pour aller voir un de ses parents, qui habite près d'ici.

Le bûcheron affirma encore ne rien connaître de cette histoire, tandis que Bunrin et sa femme s'excusaient, tout gênés de l'erreur qu'ils avaient commise.

La nuit suivante, une dame apparut au chevet de Bunrin, et lui dit :

— Je suis la mère du renardeau dont vous avez sauvé la vie au printemps dernier, sur la lande, près de la montagne. Vous en avez souvenance, certainement. Je n'avais pu, d'abord, vous témoigner ma gratitude, malgré le désir que j'en avais ; mais, lorsque j'ai su la maladie de votre fils et le remède ordonné par le docteur Tawada, j'ai tué mon petit et, déchirant ses entrailles, j'ai enlevé son foie. Le renard, mon époux, est venu vous le remettre, sous l'apparence d'un messager.

A ces mots, la renarde fondit en larmes, tandis que Bunrin éclatait en bruyants sanglots.

— Qu'avez-vous donc ? demanda sa femme, attirée par le bruit.

Bunrin lui conta l'histoire, et tous deux, pleurant, restèrent d'abord l'un devant l'autre, sans trouver une parole. Ensuite, ils allumèrent la lampe du sanctuaire familial, et prièrent jusqu'au matin.

L'histoire fit grand bruit. On avait déjà vu des hommes sacrifier leurs enfants pour reconnaître un bienfait, mais jamais les renards n'auraient paru capables de tels dévouements.

Dès qu'il fut guéri, le fils de Bunrin choisit le plus joli site du jardin pour élever un oratoire en l'honneur du dieu des renards, Inari Sama. Il l'orna de son mieux et, jusqu'à sa mort, offrit de fréquents sacrifices en l'honneur des deux renards qui, pour sauver sa vie, avaient tué leur enfant.

L'ARGENT DU BLAIREAU

Oublier les bienfaits abaisse, dit-on, l'homme au rang de la bête. On se trompe en parlant ainsi, car les animaux mêmes n'ignorent pas la reconnaissance, et l'homme ingrat vaut moins qu'eux.

Il y avait jadis à Namékata, dans le pays d'Hitachi, un vieux bonze solitaire. Ce n'était ni un philosophe ni un savant, mais il priait nuit et jour, répétant la vieille invocation légendaire : *Nama Amida Butsu* (Sauve-nous, éternel Bouddha).

On n'en parlait point à la ronde et de lointains pèlerins ne venaient pas le visiter ; mais ses voisins lui apportaient des vivres et des vêtements, réparaient les murs de sa cabane, bouchaient les trous de son toit. Il vivait ainsi, sans que nul soin profane lui incombât.

Par une nuit très froide, une nuit telle que nulle créature humaine ne devait être hors de son logis, il entendit une voix plaintive qui l'appelait, disant :

— Mon Révérend Père ! mon Révérend Père ! mon Révérend Père !

En hâte, il ouvrit la porte, et aperçut un vieux blaireau.

Semblable apparition eût frappé tout autre homme de surprise et d'épouvante, mais le solitaire ignorait la crainte comme les étonnements. D'un ton fort naturel, il demanda ce que désirait le blaireau. L'animal s'agenouilla, respectueux, et répondit :

— J'habite la montagne, et jusqu'à présent j'avais vécu sans souci de la neige ou des frimas ; mais je me fais vieux, mon sang se glace, je ne puis plus supporter les grands froids. Je vous en conjure, laissez-moi entrer chez vous, laissez-moi ranimer à votre feu mes pauvres membres engourdis. Je voudrais vivre encore, je voudrais que cette nuit ne fût pas la dernière pour moi.

— Entrez vite, fit simplement le prêtre, et prenez place à mon foyer.

Le blaireau s'assit près des braises ardentes, tandis que le bonze priait avec une ferveur nouvelle, et frappait la cloche sainte devant l'image de Bouddha. Au bout de quelques heures, l'animal, réchauffé, partit, mais il revint les nuits suivantes, apportant du bois et des feuilles mortes pour entretenir le feu. Le prêtre le regardait comme son hôte habituel, et s'inquiétait s'il tardait un peu d'arriver. Interrompues au deuxième mois du printemps, les visites du blaireau recommencèrent à l'automne; et, pendant neuf années encore, il en fut ainsi.

Quand le dixième printemps eut fleuri la campagne, le blaireau dit au prêtre :

— Grâce à votre hospitalité, j'ai trouvé un abri pour les nuits hivernales. Dans ce monde comme dans l'autre, je vous en resterai reconnaissant. Que puis-je faire pour m'acquitter envers vous ? M'appartient-il de vous être agréable en quelque chose ? dites-le moi, je vous en prie.

Souriant à ce discours, le solitaire répondit :

— Vous connaissez mon existence. Je ne forme aucun souhait. Je ne désire rien. Vos sentiments me touchent, mais que vous demanderais-je en vérité? Ne vous mettez pas en peine pour moi. Tant que je vivrai, vous serez le bienvenu dans ma demeure au commencement de chaque hiver.

Une telle bonté comblait le blaireau; mais la reconnaissance est lourde aux animaux comme aux hommes : il laissa percer son ennui de ne pouvoir s'acquitter.

Comme la conversation reprenait toujours sur le même sujet, le prêtre, par condescendance, finit par dire à son hôte :

— Depuis que j'ai rasé ma tête et renoncé au siècle, ma vie s'écoule, heureuse, sans désirs et sans regrets. Les villageois du pays me vêtent et me nourrissent. Si demain la mort vient réaliser mon espoir de renaître par delà le tombeau, ils enseveliront ma dépouille. Tout est donc assuré pour moi, et je n'ai nul besoin d'argent... Pourtant, si je possédais trois onces d'or, je les offrirais à quelque sanctuaire, en demandant qu'on prie pour mon salut, lorsque j'aurai quitté ce monde. Je ne voudrais certainement pas acquérir cette somme par l'injustice ou la violence ; je pense seulement au meilleur emploi que j'en pourrais faire si le hasard me la donnait ; et vous m'avez montré tant d'affectueuse sollicitude que je pense tout haut devant vous.

A ces mots, le blaireau hocha la tête d'un air si perplexe que le bonze, regrettant d'avoir contristé la pauvre bête, essaya de revenir sur ce qu'il avait dit :

— Après tout, ajouta-t-il, c'est une vanité de souhaiter qu'après ma mort les gens s'occupent encore de moi, même dans leurs prières. De telles pensées devraient me rester étrangères, et je suis coupable de laisser mon esprit s'y arrêter. Oubliez tout ce que j'ai dit.

Le blaireau feignit, par politesse, d'acquiescer aux paroles du bonze, et partit comme il avait accoutumé de le faire chaque matin. Mais ce fut sa dernière visite. Le prêtre, étonné, supposa qu'il n'osait reparaître sans les trois onces d'or, ou bien qu'il avait été victime de brigands tandis qu'il les apportait. Cette dernière pensée tourmentait fort le saint homme, qui se reprochait la mort du blaireau et, sans cesse, priait pour lui.

Trois années avaient fui, rendant plus pesante la vieillesse du solitaire sans diminuer ses regrets, lorsqu'un soir il entendit appeler près de sa porte :

— Mon Révérend Père ! mon Révérend Père !

C'était la voix du blaireau. Il courut ouvrir et, reconnaissant son ami, s'écria :

— Ah ! c'est vous enfin, sain et sauf ! Entrez, entrez, chauffez-vous. Pourquoi êtes-vous resté si longtemps sans revenir ?

Voici bien des jours et bien des mois que je vous attends.

— Vous m'aviez demandé trois onces d'or, répondit le blaireau. Si cette somme avait été destinée à un but profane, j'aurais pu facilement dérober quelque trésor pour me la procurer. Mais vous comptiez la donner à un temple en demandant des prières, et c'eût été un sacrilège de vous remettre pour cet usage de l'argent mal acquis. Alors, je suis allé dans l'île de Sado (1). Pendant des mois, j'ai recueilli les terres jetées par les mineurs, je les ai repassées au creuset et j'en ai tiré l'or que je vous apporte aujourd'hui.

Le métal brillait natif, pur et vierge. Le prêtre, assuré de sa provenance licite, le prit en s'inclinant, l'éleva au-dessus de

(1) Ile située sur la côte nord-ouest du Japon, et renommée pour ses richesses minières.

sa tête avec respect (1), et dit au blaireau :

— Mes vœux sont exaucés.

Puis il exprima sa reconnaissance, en épuisant toutes les formules de la plus grande politesse.

— C'est moi qui suis trop heureux d'avoir pu vous être agréable, repartit le blaireau. Oserais-je vous prier seulement de taire cette histoire ?

— Je le voudrais, mais comment le pourrais-je, en vérité ? Si je garde l'or dans ma cabane, il me sera volé ; et je ne saurais le confier à quelque voisin, ni l'offrir à un sanctuaire sans dire son origine, car tout le monde connaît ma pauvreté. Cependant, ne craignez rien, j'ajou-

(1) Coutume japonaise. Au moment où le donataire reçoit un présent, il s'incline profondément, prend l'objet à deux mains et l'élève au-dessus de sa tête d'un geste respectueux et très lent.

terai que vous avez cessé vos visites, afin de vous épargner tout ennui.

Le blaireau accepta cette combinaison et, tant que vécut le vieux bonze, revint chaque nuit d'hiver dormir à son foyer.

LE PRINCE ET LE BLAIREAU

Dans sa jeunesse, Kadzutoyo Yamanouchi, ancêtre des princes de Tosa, aimait beaucoup la pêche.

Un jour qu'il se trouvait au bord de la rivière, suivi d'un seul domestique, nommé Mutsu, une averse violente commença de tomber. N'ayant pas de manteau contre la pluie, le jeune seigneur s'abrita sous des saules pour attendre une éclaircie. Cependant, comme l'averse ne cessait point, il dit à Mutsu :

— Le ciel est complètement pris, et la nuit vient. Dépêchons-nous de rentrer.

Il faisait obscur déjà, lorsque, tout en marchant, ils distinguèrent, au bord de la route, une jeune fille d'environ seize ans qui sanglotait. Très surpris, ils la regardent, et lui trouvent l'apparence d'une demoiselle de bonne maison. Tandis que le jeune seigneur reste embarrassé d'une telle rencontre, Mutsu, séduit par les charmes de l'inconnue, s'avance et lui dit :

— Petite sœur, quels sont vos parents ? Comment êtes-vous dehors, toute seule, à cette heure et par ce temps ? Il y a là quelque mystère.

— Monsieur, répondit-elle, à travers ses larmes, on me nomme O Také. Je suis la fille d'un pauvre homme qui habite la ville voisine du château. Ma mère est morte, et mon père a épousé une mégère qui me déteste et me bat. Ce matin, elle s'est mise dans une colère si grande que j'ai fui la maison pour aller chez ma tante. L'orage m'a surprise ; et j'attendais un temps meilleur avant de continuer ma route, lorsque j'ai ressenti un malaise auquel je suis sujette. Je me trouvais fort en peine à l'arrivée de vos Seigneuries.

Pendant que la jeune fille parlait, Mutsu ne la quittait pas des yeux. Kadzutoyo semblait, au contraire, absorbé par de profondes réflexions. Tout à coup, il tira son sabre et coupa la tête d'O Také.

— Oh ! Monseigneur, mon cher seigneur, s'écria Mutsu, quel crime venez-vous de commettre ? Quelle affaire vous êtes-vous mise sur les bras ? Le père d'O Také ne manquera pas de porter plainte contre nous.

— Vous déraisonnez, répliqua Kadzutoyo. Taisez-vous et n'ébruitez pas l'aventure, c'est tout ce que je vous demande.

Ils rentrèrent ensuite, silencieux. Comme le jeune homme était fatigué, il se coucha et s'endormit sans nulle émotion. Mutsu s'en fut alors trouver ses maîtres et leur dit :

— J'ai eu l'honneur d'accompagner aujourd'hui votre fils à la pêche. En revenant, sous la pluie battante, nous avons rencontré une jeune fille prête à tomber en faiblesse, et votre fils l'a tuée. Il m'avait défendu de le dire, mais à vous, ses parents, je ne puis le cacher.

Le seigneur et sa femme furent cruellement surpris. Après avoir pleuré sur la scélératesse de leur fils, ils allèrent dans sa chambre et le réveillèrent.

— Oh ! méchant et lâche que vous êtes, dit le père tout en larmes, comment avez-vous osé tuer une femme sans défense ? Ce crime est indigne d'un samouraï comme vous. Sachez que tout samouraï doit défendre son pays et protéger ses concitoyens. Les armes que vous portez sont faites pour lutter contre les rebelles et non pour tuer les innocents. Un criminel tel que vous ne peut que faire la honte de sa famille. Il est affreux pour moi de vous retirer le jour que je vous ai donné, mais je tiens à l'honneur de notre maison : préparez-vous à mourir !

Déjà il tirait son sabre, lorsque Kadzutoyo lui dit, sans émoi :

— Votre colère est juste. Cependant, je sais discerner chaque chose, et ne suis point un assassin. La fille dont j'ai coupé la tête, n'était pas une créature humaine, mais un démon. J'en suis sûr. Que demain vos gardes aillent relever le cadavre. S'il est celui d'une femme, vous n'aurez pas le souci de me tuer, car je m'ouvrirai le ventre aussitôt !

Dès le jour, le vieux seigneur, bien tristement, s'en fut lui-même à la rivière, et, ô prodige ! trouva, au lieu d'un cadavre humain, le corps décapité d'un énorme blaireau.

Pourtant Mutsu doutait encore, n'en pouvant croire ses yeux. Revenu au château, le seigneur appela son fils et lui dit :

— Par quel prodige la créature que Mutsu prenait pour une femme, vous a-t-elle semblé être un blaireau ?

— Mais, répondit Kadzutoyo, c'est l'apparence d'une femme que j'ai vue aussi. Seulement, j'ai d'abord éprouvé quelque surprise de trouver une jeune fille, à la nuit tombante, loin de toute habitation. Puis, son étrange beauté m'a paru un artifice démoniaque. Enfin, j'ai remarqué que, sous la pluie battante, aucune goutte d'eau n'avait mouillé ses vêtements. La bête maligne espérait m'ensorceler par sa beauté et voler le poisson que portait Mutsu.

Quand le seigneur entendit cette histoire, il admira fort la perspicacité de son fils. Convaincu de la prudente sagesse de Kadzutoyo, il lui remit la garde de la fortune familiale et, pour toutes choses, se reposa sur lui désormais.

TABLE

Pages.

Le moineau à la langue coupée........................ 1
La bouilloire merveilleuse............................ 7
La montagne qui pétille............................... 11
Histoire du vieillard qui faisait refleurir les arbres morts. 17
La bataille du singe et du crabe...................... 23
Les aventures de Pêchonnet............................ 27
Le mariage du renard.................................. 33
Histoire de Sakata-Kintoki............................ 37
Les lutins de la montagne et le voisin envieux........ 43
Histoire du poissonnier Zenroku....................... 49
Histoire de la servante d'Aoyama Shuzen............... 53
La maison hantée...................................... 57
Où l'on verra comment Tajima Shumé se crut obsédé par un spectre, que son imagination seule avait créé....... 61
Le chat-vampire des Nabéshima......................... 75
Histoire d'un chat fidèle............................. 91
Où l'on verra comment les renards ensorcelèrent un homme et lui rasèrent la tête........................ 95
Les renards reconnaissants............................ 109
L'argent du blaireau.................................. 119
Le prince et le blaireau.............................. 129

PARIS

TYPOGRAPHIE PLON-NOURRIT ET Cie

Rue Garancière, 8

www.ingramcontent.com/pod-product-compliance
Ingram Content Group UK Ltd.
Pitfield, Milton Keynes, MK11 3LW, UK
UKHW020308180726
13839UKWH00001B/407

9 782329 574004